SOCIÉTÉ

ED. SCHULZÉ, L. HAIDEN & Cie.

STATUTS.

DOUAI

IMPRIMÉ CHEZ V. WARTELLE,

Rue Saint-Christophe, 25.

STATUTS.

Pardevant M^e

Ont comparu

M. Edouard SCHULZÉ, ancien comptable de la verrerie de Sainte-Catherine, demeurant à Somain,

D'une part ;

M. Louis HAIDEN, maître fondeur, demeurant à Somain,

D'autre part ;

Lesquels ont arrêté comme il suit les bases de la Société qu'ils ont l'intention de fonder pour la fondation d'une verrerie à Somain :

1860

(2)

ARTICLE 1er.

Constitution de la Société.

Il est formé entre les sus-nommés et toutes personnes qui adhéreront aux présentes une association qui sera en *collectif* et en *commandite.*

Cette Société aura son effet dès le jour de sa constitution définitive, qui résultera de la souscription de toutes les actions émises ou du versement par chaque actionnaire du quart au moins de la part que ses actions représentent dans le capital social, et de l'accomplissement de toutes les formalités prescrites par la loi du 17 juillet 1856.

La constitution de la Société sera constatée par une déclaration des gérants faite devant les notaires soussignés et mise à la suite du présent acte.

ARTICLE 2.

Son Objet.

Elle aura pour objet la création à Somain, près de la Station, d'une verrerie de verres à vitres et l'exploitation de cet établissement par la vente des produits fabriqués.

Il pourra y être ajouté, si les gérants en jugent l'utilité, un ou plusieurs fours pour la fabrication des bouteilles ou du verre à vitres.

ARTICLE 3.

Son Siége.

La Société aura son siége à Somain, à l'usine.

ARTICLE 4.

Sa Dénomination.— Sa Raison sociale.

Elle portera le nom de *Verrerie de Somain.*
La raison sociale sera *Ed. Schulzé, L. Haiden et Cie.*

Article 5.

Sa Durée.

La durée de la Société sera de quinze années courant du jour de sa constitution définitive.

Ce délai pourra être prorogé en vertu d'une décision prise à l'unanimité, tous les actionnaires présents, un an au moins avant l'arrivée du terme de l'existence sociale.

Si l'un ou plusieurs des associés s'opposaient à la continuation de cette existence, les associés en collectif de la majorité pourraient les évincer en leur offrant le remboursement de leurs droits dans la Société, en prenant pour base les chiffres du dernier inventaire.

En cas de refus d'acceptation de ces offres, leur opposition serait considérée comme non-avenue; ils seraient de plein droit soumis à la loi de la majorité.

Nonobstant ce qui vient d'être dit, la majorité des actionnaires pourra décider la dissolution de la Société avant l'expiration du terme fixé pour sa durée, dans le cas prévu à l'article 18 ci-après.

Article 6.

Capital social. — Sa Division.

Le capital social est fixé à la somme de cent mille francs, divisée en cinquante actions de deux mille francs l'une, de 1 à 50, détachées d'un registre à souche, signées par le gérant, visées par deux membres du conseil de surveillance et frappées du timbre de la Société.

Article 7.

Paiement des actions. — Retardataires.

Le montant des actions sera payable, savoir : un quart dans les huit jours de la souscription, un quart aussitôt la constitution définitive de la Société, et le surplus au fur et à mesure des demandes qu'en fera le gérant.

Les paiements se feront chez M.
banquier de la Société.

Tout actionnaire en retard devra de plein droit l'intérêt à 5 0/0 de la somme par lui due à compter du jour de l'exigibilité, sans qu'il puisse voir dans cette clause une prorogation de délai et sans préjudice au droit qu'aurait le gérant, après une simple mise en demeure à un mois restée sans effet, sans qu'il soit besoin d'aucun jugement (et ce, de convention expresse acceptée par chaque actionnaire par le fait de sa souscription), de faire, si bon lui semblera, vendre aux risques et périls du retardataire, par ministère du notaire, aux enchères publiques, les actions qui n'auraient pas été complètement libérées ; de plus, il sera tenu au paiement immédiat du déficit qui pourrait se produire à sa charge, à la suite de cette vente, sans pouvoir prétendre à l'excédant du prix sur celui de l'émission augmenté des frais de vente sur folle-enchère.

ARTICLE 8.

Augmentation du Capital social.

Le capital social pourra être porté à la somme de cent cinquante mille francs, si les besoins de la Société l'exigent, ce qui sera décidé par l'assemblée générale des actionnaires convoquée à cet effet et délibérant à la majorité, comme il est dit aux articles ci-après.

Cette augmentation se fera soit et autant que possible par l'introduction de nouveaux associés en collectif, soit par la création de nouvelles actions en commandite.

Les fondateurs associés en collectif auront pendant la huitaine qui suivra la décision relative à cette augmentation le droit de souscrire par préférence toutes les actions nouvelles.

Le délai écoulé, ils conserveront, avec les fondateurs de

la commandite, pendant le mois qui suivra ce premier avis, le droit de les souscrire par préférence aux étrangers, au prorata du nombre d'actions qu'ils possédaient déjà.

Ils pourront, si l'intérêt de l'entreprise l'exige, renoncer dans la délibération même à ce droit de préférence.

ARTICLE 9.

Indivisibilité des actions.

Toutes les actions sont indivisibles.

La Société n'en reconnaîtra qu'un titulaire.

En conséquence, si, par quelque cause que ce soit, une part devient la propriété de plusieurs personnes, celles-ci seront tenues de se faire représenter par une seule d'entre elles, en vertu d'un mandat spécial. Ce mandat sera déposé aux mains du gérant deux jours avant la réunion dans laquelle il devra en être fait usage.

Dans le cas de décès d'un actionnaire, gérant ou autre, la Société n'en continuera pas moins, et les héritiers, créanciers ou ayant-cause ne pourront, sous aucun prétexte, provoquer l'apposition des scellés sur les titres, choses ou valeurs quelconques de la Société, les faire inventorier ou liquider judiciairement, ni entraver par un moyen quelconque la marche des affaires sociales; ils devront, pour l'exercice de leurs droits, s'en rapporter aux inventaires sociaux.

ARTICLE 10.

Transmission des actions. — Transfert.

Les parts des actionnaires en collectif dans la Société seront insaisissables pendant toute la durée, et ne pourront être cédées qu'à d'autres actionnaires au même titre.

Les actions des associés de cette catégorie resteront attachées au registre à souche pendant toute la durée de la Société.

Par dérogation à la règle qui vient d'être établie concernant l'indivisibilité et l'inaliénabilité des parts, il est convenu, dans le but d'attacher à l'entreprise des hommes dont le concours lui pourrait être utile, qu'un associé en collectif pourrait céder une partie de ses actions à ses fils *verriers*, s'ils ont au moins l'âge de vingt-deux ans révolus, à la condition que, du jour de leur admission, tous leurs soins, tout leur travail seront acquis à l'association, et qu'il leur sera interdit, comme ce sera du reste pour tous les actionnaires de quelque catégorie qu'ils soient, de s'intéresser, même comme commanditaires, dans une industrie semblable à celle qui fait l'objet des présentes.

Les actions en collectif pour les cas prévus ne pourront être cédées que par actes notariés.

Quant aux actions en commandite, elles seront transférées, soit par acte devant notaire, soit par une déclaration inscrite sur un registre spécial tenu au siége de la Société, signée par le cédant et le cessionnaire ou leurs fondés de pouvoirs, et visée par le gérant.

Les transferts que subira chaque action seront constatés par le gérant au dos du titre que chaque souscripteur recevra lors d'une complète libération.

A cette fin, les cessions par actes authentiques devront être notifiées par expédition au gérant, aux frais du cessionnaire.

Tout transfert comprendra de droit la cession des intérêts et dividendes non encore payés à la date du transfert.

La Société et le gérant ne pourront, dans aucun cas, être responsables des conséquences des transferts, et notamment des erreurs qui seraient constatées au sujet de l'individualité ou de la capacité des parties contractantes.

ARTICLE 11.

Gérant. — Directeur. — Leurs attributions. — Leurs émoluments.

M. Schulzé sera seul gérant de la Société.

Il aura seul la signature sociale.

L'usage lui en sera permis pour tous les besoins sociaux.

Dans ces limites, il obligera la Société.

Tous billets, lettres de change et tous engagements par lui contractés exprimeront la cause pour laquelle ils auront été souscrits.

Il pourra faire toutes acquisitions de terrains, toutes constructions nécessaires à la fondation de l'usine sociale.

Toutes autres opérations ayant pour objet des immeubles, toutes affectations hypothécaires des biens sociaux, toutes constructions autres que celles ci-dessus dites, occasionnant une dépense de plus de deux mille francs, lui sont interdites sans autorisation préalable de l'assemblée générale.

Il demeurera chargé avec un employé sous ses ordres, s'il y a un jour trois fours en activité, et seul jusqu'alors, de tout ce qui concerne la tenue des livres, la correspondance, les recettes et paiements à faire.

A part les réserves prévues aux présentes, les pouvoirs d'administration les plus étendus lui sont conférés.

Il pourra notamment poursuivre tous comptables ou dépositaires, obtenir leurs jugements et arrêts, prendre toutes inscriptions, former toutes oppositions, toucher toutes sommes ou créances quelconques, donner soit avant, soit après paiement, toutes mains-levées d'opposition, inscriptions hypothécaires et autres empêchements quelconques, ainsi que tous désistements partiels ou définitifs de tous droits d'hypothèques, priviléges ou autres.

Le gérant aura près de lui, comme directeur des travaux de fabrication, M. Louis Haiden, ancien employé d'importantes verreries de France et de Belgique, qui, grâce à sa longue expérience et à ses connaissances étendues, assurera à la Société un précieux concours.

De son autorité relèvera tout le personnel employé à la fabrication.

Il aura le choix des ouvriers avec le droit de renvoi, seulement il devra s'entendre avec le gérant pour la fixation des salaires alloués à chaque emploi.

Il se concertera avec le gérant pour l'achat des matières premières et pour la vente des produits fabriqués.

Ces achats et ces ventes seront faits par le gérant, même sur l'avis contraire du directeur.

Le gérant sera irrévocable en dehors des cas de destitution prévus par la loi.

Le directeur de la fabrication ne pourra être destitué que sur avis pris à la majorité de l'assemblée générale. Cette assemblée pourra, en prononçant sur ce renvoi, autoriser le rachat pour le compte des associés en collectif ou pour celui de son successeur, des actions qu'il posséderait alors dans la Société.

Le prix de ces actions serait déterminé sur le chiffre du dernier inventaire.

Le gérant et le directeur de la fabrication ne pourront donner leur démission qu'après avertissement préalable donné par écrit et accepté par la majorité des actionnaires en assemblée générale, six mois au moins à l'avance, à peine de tous dommages et intérêts.

Démissionnaires ou révoqués, les gérant ou directeur n'en continueront pas moins à être associés en collectif, sauf pour ce dernier cas ci-dessus prévu.

Le gérant et le directeur de la fabrication doivent tous leurs soins et tout leur temps à la bonne administration des intérêts qui leur sont confiés.

Ce dernier habitera nécessairement l'usine ; ce qui aura lieu aussi autant que possible pour le gérant.

Les appointements du gérant sont fixés à la somme de deux cent cinquante francs par mois.

Les appointements du directeur de la fabrication seront de deux cents francs.

Ces appointements des gérant et directeur de la fabrication seront payables à partir du jour de la constitution définitive de la Société.

Ils toucheront de plus sur les bénéfices nets, à titre de prime d'encouragement et comme juste rémunération de leurs travaux, 35 0/0 qui seront répartis à raison de 23 0/0 au profit du gérant et de 12 0/0 pour le directeur de la fabrication.

L'un et l'autre auront de plus droit au logement, éclairage et au charbon nécessaire à leur ménage.

Article 12.

Remplacement du Gérant ou du Directeur de la fabrication.

Si les fonctions du gérant venaient à cesser pour cause de décès ou autrement, la gestion des affaires sociales serait remise aux mains d'un directeur *par intérim*, choisi par le conseil de surveillance.

Il sera pourvu à son remplacement par l'assemblée générale des actionnaires convoquée à cet effet, par lettres missives qui indiqueront le nom du candidat proposé par le conseil de surveillance qui sera chargé de ce soin.

Les fonctions de directeur de la fabrication seraient, dans les mêmes circonstances, remises par le gérant aux mains d'un directeur *par intérim* jusqu'à ce que l'assemblée lui ait donné un successeur, s'il en juge l'utilité, sur la présentation qu'en ferait le gérant.

Les successeurs dans ces emplois des deux titulaires primitifs seraient autant que possible choisis parmi les associés en collectif ; sinon, ils devraient prendre rang parmi les associés de cette catégorie, si par le même nombre d'actions que leurs prédécesseurs, au moins pour un intérêt quelconque dont le conseil déterminerait l'importance.

Leurs actions seraient aussi inaliénables, et si elles étaient détachées du registre à souche, elles seraient remises au président du conseil de surveillance qui en conserverait le dépôt pendant la durée de leurs fonctions.

ARTICLE 13.

Inventaire.

Les écritures seront tenues de la manière la plus régulière et en partie double.

Tous les six mois, dans les quinze premiers jours de juin et de décembre, les comptes seront arrêtés et inventaire de la situation sera dressé.

L'un de ces inventaires, celui de décembre, sera autant que possible fait à four mort.

Si le gérant jugeait à propos de reculer cette opération de quelque temps pour ne point éteindre les fours en temps inopportun, il le pourrait, après avoir pris l'avis officieux du conseil de surveillance.

Le premier inventaire sera fait en décembre prochain.

L'inventaire sera communiqué au conseil de surveillance dix jours au moins avant l'assemblée générale.

Ce conseil fera un rapport à cette assemblée sur l'inventaire et les propositions de distribution de dividendes faites par le gérant, comme il est dit à l'article 14 ci-après.

Si l'inventaire de décembre présente une balance en faveur

de l'actif, le chiffre que cette balance produira constituera la somme des bénéfices.

Or, l'actif comprendra notamment :

La valeur de l'établissement et du matériel déterminé non point sur le prix de revient, mais sur le prix qu'on pourrait en obtenir dans une réalisation au jour de l'inventaire.

La valeur des marchandises sur prix de facture.

Les créances comptées sur leur chiffre de création.

Au passif figureront les frais généraux, qui consistent notamment en :

1° Frais de constitution de Société et de premier établissement ;

2° Dépenses d'entretien, de réparations, d'améliorations et d'agrandissement, s'il y a lieu, de l'immeuble et du matériel de la Société ;

3° Allocation aux gérant et directeur, tant qu'il y aura lieu, pour indemnité de logement, droits de patente et contributions quelconques, des frais d'assurances, chauffage et éclairage, des traitements des chefs, employés et contre-maîtres, des salaires des ouvriers, concierges, gens de peine, journaliers et autres ;

4° Enfin, les frais de bureau, de voyages et généralement toutes les dépenses quelconques faites dans l'intérêt de la Société, et qui, suivant les usages du commerce, sont considérés comme frais généraux.

Toutes ces dépenses seront prélevées pour les frais de constitution de Société et de premier établissement sur le capital social, et pour tous autres frais sur le produit des opérations de la Société ; puis, en cas d'insuffisance, sur le fonds de roulement dont il sera parlé en l'article ci-après.

ARTICLE 14.

Bénéfices. — Répartitions.

Sur les bénéfices nets, il sera prélevé avant tout 10 0/0 pour ajouter au fonds de roulement, jusqu'à ce qu'il arrive au capital de

Ce chiffre réalisé, ce prélèvement se continuera pour constituer un fonds de réserve dont l'assemblée générale déterminera l'importance et l'emploi.

Quand le niveau du fonds de roulement n'atteindra plus le point ci-dessus déterminé, il sera prélevé sur le fonds de réserve la somme nécessaire pour l'y ramener, et à défaut des sommes suffisantes, le prélèvement se continuerait non plus au profit du fonds de réserve, mais en vue du complément du fonds de roulement.

Le surplus des bénéfices appartiendra à raison de

23 0/0 au gérant,

12 0/0 au directeur de la fabrication,

Et 65 0/0, formant le surplus, aux actionnaires.

L'époque du paiement du dividende sera fixée par le conseil de surveillance sur la proposition du gérant.

Les répartitions des bénéfices effectuées régulièrement ne pourront jamais donner lieu à aucun rapport à la Société, soit de la part du gérant, du directeur, soit de la part des actionnaires.

ARTICLE 15.

Intérêts et dividendes non réclamés.

Les intérêts et dividendes non réclamés seront prescrits contre les ayant-droits : ils appartiendront à la Société et seront portés au fonds de roulement ou de réserve.

ARTICLE 16.

Conseil de surveillance.

Un conseil de surveillance composé de cinq membres sera nommé par l'assemblée générale des actionnaires immédia-

lement après la constitution définitive de la Société et avant
toute opération sociale.

Il sera soumis à la réélection tous les deux ans. Toutefois,
le premier conseil ne sera nommé que pour un an.

Tous les membres qui le composent seront choisis parmi
les associés en commandite et autres.

Ils seront rééligibles.

Si une vacance se produisait au conseil de surveillance dans
le cours d'un exercice, elle serait comblée par le plus fort associé en collectif, ou, à défaut, par un actionnaire en commandite qui aurait un plus grand intérêt dans l'entreprise, en
attendant la première assemblée générale, qui serait chargée
de lui donner un successeur pour le temps qui resterait à cou-
rir pour l'expiration des pouvoirs du conseil alors en fonctions.

Le conseil se réunira au siége social tous les trois mois sur
la convocation de la gérance, et ce indépendamment des réu-
nions extraordinaires qui pourraient toujours être provoquées
par le gérant ou par deux des membres le composant, quatre
jours à l'avance, par lettres chargées confiées à la poste.

Lors de sa première séance, il choisira dans son sein un
président, un vice-président et un secrétaire.

Les délibérations seront prises à la majorité des membres
présents et seront inscrites sur un registre spécial déposé au
siége de la Société.

En cas de partage d'opinion, le président aura voix prépondérante.

La mission du conseil de surveillance sera celle que lui as-
signe la loi des 17-23 juillet 1856, et spécialement :

Il vérifiera les livres, la caisse, le portefeuille, les valeurs,
la correspondance et tous les papiers de la Société. A cet effet, la gérance devra lui faire toutes communications à sa première demande et sans déplacement.

Il fera tous les ans à l'assemblée générale, qu'il aura toujours le droit de convoquer, du reste, un rapport sur les inventaires, sur les propositions de distribution de dividendes faites par le gérant et sur les époques de la liquidation de ces dividendes.

Il surveillera l'administration du gérant au point de vue de l'observation des Statuts.

Il pourra provoquer la dissolution de la Société lorsque les cas de dissolution anticipée se seront produits.

ARTICLE 17.

Assemblées générales.

Il y aura à l'usine, tous les ans, après l'inventaire de fin d'année, une assemblée générale des actionnaires, sans préjudice aux assemblées générales extraordinaires qui pourront toujours être convoquées par la gérance et le conseil de surveillance.

L'assemblée générale convoquée ordinairement ou extraordinairement représentera l'universalité des actionnaires.

Sauf les cas spéciaux pour lesquels il est exigé au présent acte un plus grand concours d'actionnaires, elle délibérera à la majorité des actionnaires présents (à la condition que la moitié du capital social soit représentée), sur toutes les propositions intéressant les affaires de la Société et qui lui seraient faites par le gérant, par un ou plusieurs membres du conseil de surveillance, ou par trois actionnaires autorisés par le conseil ou par le gérant, à condition que ces propositions soient indiquées dans les lettres de convocation.

Néanmoins, si, sur une première convocation, la moitié des actions n'était point représentée, les délibérations prises par l'assemblée générale des actionnaires réunis sur une deuxième convocation seraient valables, quel que soit le nombre d'actions représentées ; mais elles ne pourraient porter que sur l'ordre du jour mentionné dans la première convocation. La voix du président sera prépondérante en cas de partage.

Notamment, elle nommera les membres du conseil de surveillance; entendra chaque année le rapport du conseil sur la situation des affaires; discutera et arrêtera les comptes de la gérance; pourvoira, le cas échéant, au remplacement du gérant, à la révocation et au remplacement du directeur; décidera la dissolution anticipée de la Société, dans les cas prévus aux présentes; modifiera, si elle le juge convenable, les Statuts; prorogera ou diminuera la durée de la Société; fixera le montant du fonds de réserve; déterminera l'emploi à en faire; décidera s'il y a ou non lieu à l'augmentation de l'usine ou de son matériel, ou du capital social; exercera, en un mot, tous les droits qui résultent pour elle de la loi ou lui sont conférés par les présentes.

Nonobstant ce qui vient d'être dit, toutes les délibérations qui auraient trait à l'augmentation du capital social, à la dissolution anticipée de la Société, à la prolongation de l'existence sociale, à la destitution comme au remplacement du gérant ou du directeur, seront prises à la majorité des voix représentant toutes les actions émises.

Les assemblées générales ordinaires ou extraordinaires, seront convoquées au moins huit jours à l'avance par lettres chargées, déposées à la poste à l'adresse des actionnaires, aux domiciles par eux élus.

Ces lettres indiqueront le but de la réunion.

L'assemblée générale sera présidée par le président; à son défaut, par le vice-président; en l'absence de ce dernier, par un membre choisi par le conseil de surveillance, et en cas d'absence de tous les membres du conseil, il sera pourvu immédiatement à la nomination d'un conseil provisoire.

Le président désignera deux actionnaires présents pour remplir les fonctions de scrutateurs.

Le bureau, ainsi composé, choisira un secrétaire dans

l'assemblée. Le gérant et le directeur auront voix délibérative dans les mêmes conditions que les autres actionnaires, excepté toutefois dans les questions ayant pour objet l'épurement des comptes, la nomination du conseil de surveillance, et dans toutes discussions qui auraient trait à des actes de leur administration.

Il sera dressé, sur un registre spécial, des procès-verbaux de toutes délibérations prises par l'assemblée.

Ces procès-verbaux seront signés par les membres du bureau, le secrétaire de l'assemblée générale et par l'un des membres du conseil de surveillance, avant le lever de la séance.

Ils indiqueront les noms des actionnaires présents, le nombre des voix de chacun d'eux, et le nombre d'actions représentées.

Les délibérations prises par l'assemblée générale régulièrement constituée seront obligatoires pour tous les associés absents ou dissidents.

Tous les associés en collectif qui seront propriétaires d'une action pourront prendre part au vote. Ils auront une voix par chaque action.

Les associés en commandite ne pourront y prendre part qu'autant qu'ils seront porteurs, tant pour eux que pour leurs mandants, de deux actions.

Chaque série de deux actions leur donnera droit à une voix, sans pour cela que le porteur de plusieurs actions en commandite puisse avoir plus de deux voix.

Ceux d'entre les commanditaires qui n'auraient qu'une action pourraient assister aux délibérations des assemblées générales, mais avec voix consultative seulement.

Toutefois, dans les votes qui ne pourront être pris qu'à la majorité de toutes les actions émises, on pourra, si besoin est, pour composer régulièrement l'assemblée, admettre à la délibération les commanditaires n'ayant qu'une action, à la condition qu'un commanditaire ne pourra avoir, soit par lui-même, soit par ses mandants, plus de deux voix, quel que soit le nombre d'actions qu'il représente.

Un actionnaire ne pourra se faire représenter aux assemblées générales que par un autre actionnaire porteur d'une procuration en bonne forme, dont il sera donné avis au gérant deux jours avant la réunion de l'assemblée ; sinon, ce dernier pourra s'opposer à ce qu'il soit fait usage de ce mandat.

ARTICLE 18.

Dissolution de la Société.

La Société sera dissoute par l'expiration du temps fixé pour son existence, si l'assemblée générale ne l'a point prolongée, en vertu des pouvoirs à elle conférés par l'article 5 ci-dessus. Elle pourra l'être également, sur la proposition soit du gérant, soit du conseil de surveillance, par l'assemblée générale des actionnaires, ainsi qu'il est déjà dit aux articles 5 et 16 ci-dessus, dans le cas où il serait constaté que les pertes ont absorbé le fonds de roulement et de réserve et la moitié du capital social.

ARTICLE 19.

Liquidation de la Société.

La liquidation de la Société, quel qu'en soit le motif, sera confiée aux soins du gérant, sous la surveillance d'un conseil composé de trois membres nommés par l'acte de dissolution.

A cet effet, le gérant sera investi des pouvoirs les plus étendus, d'après les lois et usages du commerce, pour opérer la liquidation, réaliser l'actif social et vendre les immeubles qui en dépendent sans formalité de justice, mais aux enchères publiques, devant le notaire dépositaire du pacte social.

Toutes les contestations qui pourraient s'élever au sujet des affaires sociales pendant l'existence de la Société ou dans le cours de la liquidation seront jugées par les voies que trace le droit commun.

En quelque nombre que soient les actionnaires engagés dans une contestation, ils seront tenus, lorsqu'ils auront un seul et même intérêt, de se faire représenter par un mandataire unique, ayant qualité pour faire et recevoir en leur nom tous actes judiciaires, soit en demandant, soit en défendant.

Si, lors de la liquidation de la Société, la réalisation de l'actif produisait, après l'extinction complète du passif et le remboursement intégral des actions, un excédant à répartir, cette répartition se ferait, savoir :

35 0/0 aux gérant et directeur de la fabrication, pour par eux les toucher dans les proportions admises pour le partage des bénéfices ;

65 0/0 aux actionnaires.

Article 20.

Publications.

Tous pouvoirs sont donnés au porteur d'une expédition ou d'un extrait des présentes pour faire toutes publications prescrites par la loi, en vue de la constitution définitive de la présente Société.

Article 21.

Domicile.

Pour l'exécution de tout ce qui concerne les présentes, domicile est élu en la demeure de M.
banquier de la Société, en ce qui concerne toutes personnes non domiciliées dans l'arrondissement de Douai.

Le domicile du gérant et du directeur de la fabrication est de plein droit à l'usine.

SOUSCRIPTIONS.

Et à l'instant, les personnes ci-après nommées, qualifiées et domiciliées, après avoir pris communication des Statuts qui précèdent, par la lecture qui leur en a été donnée, et qu'ils en ont prise du reste à leur apaisement, ont déclaré y adhérer, s'obliger à exécuter les stipulations y insérées, et souscrire, savoir :

Imprimé chez V. Wartelle, rue St-Christophe, 25, à Douai.